Von dem Mädchen, das ihr Herz verschenkte

AF188933

Mariel Pichmann

Mariel Pichmann

Von dem Mädchen,
das ihr Herz verschenkte

Text-/Gedichtband

Wettlauf

>>Sie rennt. Rennt immer schneller und schneller, voller Panik und Unruhe, voller Verzweiflung und Unsicherheit. Sie schaut sich nicht um, rennt einfach weiter und kommt dem Abgrund immer näher. Doch sie sieht ihn nicht, springt zu spät ab und schafft es nicht hinüber. Sie fällt, fällt immer tiefer bis völlige Schwärze sie umgibt und ihr die letzte Hoffnung nimmt.
Und jetzt, spul zurück, nur ein Stück und überlege, was passiert wäre, hätte sie ihre Schritte weiser gewählt und die Panik nicht in ihr Herz gelassen. <<

>>Sie wäre zum richtigen Zeitpunkt gesprungen, hätte all ihren Mut und ihre Kraft auf dem Weg gesammelt, anstatt sie blind zu verschwenden.
Aber was hat das mit mir zu tun? Warum erzählst du mir das? <<

>>Sieh und hör auf dich. Was tust du gerade? <<

Ich halte inne, denke über ihre Worte nach. Mein Herz kennt die Antwort, doch mein Kopf lässt sie nicht zu. >>Du kennst die Antwort. <<, sagt sie und ich frage mich, ob sie meine Gedanken lesen kann... Woher weiß sie das? Ist es so offensichtlich, obwohl ich doch alles dafür tue, es mir nicht anmerken zu lassen?

>>Du rennst ebenfalls. <<, beantwortet sie sich selbst ihre Frage und sieht mich dabei eindringlich an. Ich spüre, wie sich jede Faser meines Körpers gegen diese Antwort wehrt, doch ich bekomme keinen Ton heraus. Denn in Wahrheit, ganz tief in mir, weiß ich, dass sie recht hat. Diese Erkenntnis ist keine Neue für mich, doch schafft es mein Kopf von Zeit zu Zeit sich durchzusetzen und diese Erkenntnis tief in mir drin zu verschließen. So gerne würde ich dem Raum schaffen, sagen, dass das nicht stimmt, das ich sehr wohl bedacht handeln kann, doch meine Stimme gehorcht mir nicht.

>>Du läufst weg. Du läufst vor dir selber weg. Erkenne den Gegensatz, das eigentlich Unmögliche und fang an, dir selber zuzuhören, anstatt gegen deine Gedanken anzugehen. <<
Sie mag recht haben, denke ich. Doch in diesem Moment erinnert sie mich an jemanden, der meinem Leben einen neuen Sinn gab, mir einiges nahebrachte und mir sehr wichtig war. Auch sie hatte darauf bestanden, dass ich mich stelle, doch sie ließ mich mit dem Gedanken nicht alleine, sie blieb mit mir stehen. Doch ich kenne meinen Gegenüber nicht gut genug um einschätzen zu können, ob er bleibt oder geht. Und genau das ist das Problem. Ich mag sie, ich rede über all meine Gedanken mit ihr, doch ob sie bleibt ist eine Frage, auf die ich keine Antwort weiß.

>>Ja, mag sein, dass ich vor meiner eigenen Angst weglaufe, allein dazustehen und vor vielen anderen Dingen, doch wie soll das anders gehen?! Wie soll ich von jetzt auf gleich stehen bleiben und alles anders sehen, wenn die Welt um mich herum sich weiterdreht und droht im Chaos unterzugehen?! Ich weiß nicht weiter! <<, schreit mein Herz tief in mir, doch ich sage nichts. Nicke nur, denn ich traue mich nicht.

Millionen Gedanken

Millionen Gedanken
erinnern mich an dich.
Millionen Gefühle
scheinen in deinem Licht.

>>Sieh nach oben,
in diesen wunderschönen Himmel,
so strahlend bau,
so wunderbar frei. <<

So blau wie deine Augen,
deine Träume,
meine Sorgen.

>>Sieh hinauf,
er hat die Kraft,
die Menschen glücklich zu machen
und du kannst das auch.

Schenk mir dein Lachen,
schenk mir deine Freude,
deine strahlenden Augen,
ohne Kummer und Sorgen. <<

So strahlend wie deine Liebe,
deine Hoffnung,

meine Verzweiflung.

>>Sieh ruhig hin,
wie er mithilfe der Sonne
Ruhe und Geborgenheit bringt,
fast so wie du, mit deinem Blick. <<

So ruhig wie deine Stimme,
deine Seele,
meine Tränen.

Millionen Gedanken
erinnern mich an dich.
Millionen Gefühle zeigen,
wie sehr ich dich vermiss.

>>Hör auf zu denken und hör auf dein Herz<<

Was würde sie jetzt denken, sagen oder fühlen?
Keine Ahnung!
Aber ist das denn wirklich wichtig? Sie ist nicht hier bei mir und wird auch nicht mehr kommen! Sie ist nicht da! Und das muss ich akzeptieren, es hinnehmen und endlich versuchen, damit umzugehen. Aber das ist unmöglich, denn sie ist nicht da, wenn ich sie am meisten brauche.
Doch das ist okay!
Nach allem, was sie für mich war, was sie für mich getan hat, wie sie mich begleitet hat, habe ich kein Recht sie jetzt zu verurteilen! Dennoch wäre alles anders, wäre sie nun hier, denn sie würde ihn lösen, diesen Konflikt in mir. Sie würde mich unterstützen, mir sagen, dass alles gut wird und mich halten, denn gerade jetzt drohe ich zu fallen.
Ich rufe nach ihr, schreie ihren Namen in die Welt hinaus, doch kann sie mich nicht hören, denn mein Herz hat noch keine Stimme erlangt. Es ist zu spät, um es zu versuchen.
>>Hör auf zu denken und hör auf dein Herz<<, höre ich ihre Stimme in meinem Kopf und mein Herz wird schwer, da ich weiß, was jetzt kommt. Denn nach diesem Satz kam der Abschied.

Held oder Feind?

Du hast mir immer gesagt: >>Manchmal muss man Altes aufgeben, um etwas Neues anfangen zu können.<<. Und ich glaube, ich weiß jetzt, was du meinst. Doch was, wenn ich das Alte nicht aufgeben will, es nicht aufgeben kann, weil es mir zu viel bedeutet? Diese Frage stelle ich mir nun, doch ist es zu spät, um dich danach zu fragen. Denn du bist nicht mehr da und du kommst nicht mehr wieder. Aber ich kann dich nicht gehen lassen, kann auch nichts Neues anfangen. Stehe hier und enge mich selbst ein, anstatt an mich selber zu glauben und meine Ziele zu verfolgen. So wie du es immer getan hast. Aber ich bin nicht wie du. Ich bin nicht so willensstark, so positiv und voller Elan, so glücklich wie du es warst. Ich klammere mich an dem fest, was mir von dir noch bleibt. Schaue mir jeden Abend dein Bild an, auch wenn ich danach nicht mehr schlafen kann und die Tränen nicht versiegen. Am nächsten Tag bin ich wieder stark, so wie du mich gesehen hast. Zumindest versuche ich das. Aber ohne dich an meiner Seite ist nichts mehr wie es war. Mit dir hatte ich diese Sicherheit. Denn egal was geschah, ich wusste, du wärst in jedem Moment für mich da. Ich hatte keine Angst.

Auch wenn jetzt niemand versteht, wie viel du für mich bist, ich sage immer: >>Nur, weil ein anderer es nicht sieht, heißt es nicht, dass es nicht da ist.<<. Ich stehe dazu, denn mit dir ist es genauso. Lass sie doch spekulieren, warum du so viel für mich bist, lass sie reden und denken, was sie wollen. Für dich war ich anders. Für dich war ich besonders. Ich höre noch genau deine Worte in meinem Kopf, wie du vor mir standest, mit der Hand auf meiner Schulter und sagtest: >>Lass sie reden und lass sie denken, was sie wollen. Wenn du glücklich bist, strahlst du so sehr von innen, dass sie von selber bemerken wie toll du bist.<<. Dann nahmst du mich in den Arm und ich wusste, es ist wahr. Ich wusste, du bist da.

Auch wenn sie sagen, du hättest einiges kaputt gemacht, mich hast du nur näher zu mir selbst gebracht. Sie sehen nicht, wie du mir fehlst, sie sehen nicht die Tränen auf meinem Gesicht. Ansonsten würden sie vielleicht verstehen, wie sehr sie danebenliegen. Denn das sind keine Tränen der Wut. Das sind Tränen der Trauer, da du nicht mehr bei mir bist und mit dir mein Vertrauen sowie meine Hoffnung abriss. Ich wünschte ich wüsste, dass du jetzt gerne bei mir wärst. Vermutlich würdest du mir das auch so sagen, doch ich habe gelernt, nicht jedem Wort so viel Bedeutung zuzuschreiben, dank dir. Deine Versprechen waren doch nichts als leere Worte, aber keine Sorge, trotzdem wünschte ich mir, du wärst jetzt hier. Denn ich liege nicht in deinen Armen, sondern sitze hier und weine, weil ich dich vermisse! Falls dich das überhaupt interessiert. Und ich verstehe nicht, wie mein Herz noch so sehr an dir hängen kann, doch mir gleichzeitig so viel Verzweiflung nahebringt. Ich kann nicht aufgeben, was alt ist. Ich kann nicht vorangehen und etwas Neues anfangen. Nein, ich stehe dazwischen und weiß nicht mal mehr, was ich von dir halten kann. Bist du mein Held? Oder bist du mein Feind?

Du Heldst was fällt

Du nahmst den Kummer von meinem Herzen, nahmst all die Traurigkeit und Trübseligkeit aus meinem Blick und schenktest mir deine Liebe. Du passtest auf mich auf, wachtest Tag und Nacht über mich, warst der hellste Stern am Himmelszelt und das größte Geschenk in meiner Welt. Du brachtest Liebe, brachtest Freude, brachtest Glück und es gab nichts, was dich hielt. Und auch wenn du mal gingst, kamst du stets zu mir zurück. Du warst mein Held.

Du nahmst all die überschüssigen Gedanken aus meinem Kopf, nahmst mir die Sorgenfalten von der Stirn und schenktest mir Geborgenheit. Zuflucht vor dem Sturm, der tief in mir tobte. Du warst mein kleines Boot, warst immer in meiner Nähe und doch an einem anderen Ort. Du warst mein Held.

Nun geh ich fort. Geh weg von hier, von diesem Ort voller Erinnerungen an dich. Ich muss hier raus! Halte diese Stille, diese Leere im Herzen nicht mehr aus! Wo bist du? Und wo finde ich dich? Gib mir meine Hoffnung zurück und sei mein Licht am Ende des Tunnels. Ich bitte dich! Komm zu mir zurück, lass mich nicht allein!

Tief in meiner Brust klafft eine Wunde, so groß, dass man sie nähen muss, doch tu` dir keinen Zwang an, denn niemand kennt des Schmerzes Überdruss besser als ich. Ich lebe damit, seit du weg bist. Seit du gegangen bist und nicht wiederkamst. Doch ich erinnere mich, damals als wir Kinder waren; Du und ich beim Spielen im Park und schon damals war uns beiden klar, dass zwischen uns etwas besonderes lag. Es war mehr als Freundschaft, es war mehr als Liebe. Es war Realität und doch zugleich Fantasie. Wie eine Art Magnet, dessen eine Seite sich abstößt und eine andere sich anzieht. Es war wie Magie. Schon damals wusstest du immer, was mit mir los war und noch bevor ich dich anrief, standst du vor meiner Tür. Ich habe dich immer bewundert für dein Gefühl, deine Ehrlichkeit, deine Aufrichtigkeit. Für dein Verständnis für mich und schon damals ließest du mich nie im Stich. Du warst mein Held.

Und du führtest mich weg von der Klippe, vom Abgrund der Welt, hast mich beschützt vor all den Gefahren, vor all der Verantwortung, die ich mir auflud. Doch seit du weg bist, steh ich wieder dort. Lade mir nur noch mehr auf, in der Hoffnung nicht an dich denken zu müssen. Doch all der Stress ist umsonst, denn du gehst mir nicht aus dem Kopf. Du warst von klein auf mein Held.

Doch jetzt sind wir groß. Du bist weg und du wirst diesmal nicht wiederkommen. Doch auch ich muss hier weg. Weg von diesem Ort voller Erinnerungen. Es ist kein Ort der Freude mehr. Seit du weg bist, gleicht es einem Wüstenmeer. Ohne Hoffnung, ohne Glück. All das nahmst du mit als du gingst und ließest nur diese Stadt, als ein Stück Erinnerung an dich, zurück.

Aber ich kann hier nicht mehr leben, nicht mehr wohnen, ohne dich fehlt hier der Glanz. Die Funken in den Augen der Menschen, die nur noch mit gesenkten Köpfen durch den ewig währenden Regen treten. Es ist fast magisch, wie du diese Stadt und ihre Bewohner zum Strahlen brachtest, ihnen ein Lachen ins Gesicht und eine neue Hoffnung ins Herz gebracht hast. Jeden Tag ließest du die Sonne scheinen. Doch seit du weg bist, ist hier nichts mehr wie es einst war. Trauer und Schmerz liegen in der Luft und jeder scheint des Wartens überdrüssig zu sein und niemand findet mehr seinen Sinn. So schau genau hin! Du warst nicht nur für mich ein Held. Diese ganze Stadt hier braucht dich, sehnt sich nach dir und geht ohne dich den Abgrund hinunter. Komm doch bitte wieder... Gib all diesen Leuten ihre Hoffnung zurück, ihre Liebe, ihr unaufhaltsames Glück und ihren Sinn in der Welt. Lass nicht zu, dass all das hier auseinanderfällt, komm zurück und rette die Welt. Denn du bist ihr Held.

Liebe Gesundheit

Liebe Gesundheit,
du gibst einen Teil von dir hinaus in die Welt,
an Reich und an Arm,
an Groß und an Klein,
du machst keine Unterschiede.

Doch nun bitte ich dich,
sieh herab auf diese Menschen,
die in ihrem Leben
so vielen anderen Menschen
Liebe und Geborgenheit schenkten.
Die es verdient haben, einen Teil von dir
In sich zu tragen.
Bitte, vertreib diese Krankheit, die sie plagt,
denn sie wollen weiter ihre Liebe geben,
so gib ihnen doch ein Stück von dir auf ihren Wegen.

Es ist doch nicht fair,
dass sie so krank
stets weiterkämpfen,
Hand in Hand,
Für die Menschen, die sie lieben.

Hilf ihnen!
Sie wollen stets weiter ihre Liebe geben,

sind die Engel unserer Welt,
so hilf ihnen doch etwas auf ihren Wegen.

Denn sie haben es verdient,
dass du ein Teil von ihnen bist,
so halte sie fest und lass sie nicht los,
jetzt brauchen sie dich!

Ihr Leben lang
haben sie anderen gegeben,
Leben verschönert,
Klarheit gegeben.

Sie tragen stets ein Lächeln im Gesicht,
so kannst du sie nicht verfehlen,
sie warten auf dich!

Liebe Gesundheit,
schenk ein Teil von dir auch denen,
die diese Welt zusammenhalten,
deren Lächeln nie erstirbt.
Die selbst in schwierigen Zeiten
im Kampf mit ihren Krankheiten
nicht aufgeben,
sondern weitergehen
und um dich kämpfen!
Schenk ihnen ein Stück
Deines strahlenden Lichts.

Hilf ihnen auf die Beine,

damit sie ihre Liebe und ihr Lächeln behalten,
es weiterverbreiten und kämpfen.

Liebe Gesundheit,
schenk den wahren Kämpfern
einen Teil von dir.

Und dann bist du da...

Und dann bist du da. Ich sehe dich vor mir, nehme dich mit all meinen Sinnen wahr und du stehst einfach nur da. Direkt vor mir.

Du, an die ich mein Herz verschenkte,
Du, an die ich zu jedem Zeitpunkt denke,
Du, die mich stehen gelassen hat,
Du, durch die mein Herz entzweigebrochen war.

Und dann bist du da. Du siehst mich vor dir, nimmst mich mit all deinen Sinnen wahr, doch etwas kämpft in mir, das bemerkst du. Denn du kennst mich.
Du willst wissen was es ist?
Die Freude, die Hoffnung, das Glück gegen die Trauer, den Schmerz und die Enttäuschung.
Was mich bedrückt`?
Nach einem Jahr stehst du wieder vor mir! Nach einem Jahr, in dem du mich allein gelassen hast, nicht da warst, als ich dich gebraucht hätte.

Ja Du, an die ich mein Herz verschenkte,
Du, an die ich zu jedem Zeitpunkt denke,
Du, die mich stehen gelassen hat,
Du, durch die mein Herz entzweigebrochen war.

Und du fragst was mich bedrückt?

Mein Gott, wie oft noch, ich vermiss dich wie verrückt! Und jetzt stehst du einfach vor mir, so als wenn nichts wär, nach monatelangem Schriftverkehr und dem Versuch, dich zu überzeugen, zu mir zu kommen und mit mir zu reden!

Was soll ich denn schon davon halten?

Natürlich würde ich dir gerne in die Arme springen, dich auf den neusten Stand meines Lebens bringen, dir sagen, wie sehr ich dich vermisst hab und dir zeigen, wie nah ich meinen Träumen jetzt bin; was ich alles geschafft hab! Doch gleichzeitig würd´ ich dich gerne festhalten und dich schütteln, dich anschreien, ob das alles dein verdammter Ernst war, dich fragen wo zum Teufel du warst und warum du mein Herz mit dir genommen hast!

Genau Du, an die ich mein Herz verschenkte,
Du, an die ich zu jedem Zeitpunkt denke,
Du, die mich stehen gelassen hat,
Du, durch die mein Herz entzweigebrochen war.

Wo warst du?

Was soll ich von dir denken, wie soll ich mich verhalten, jetzt wo du vor mir stehst?

Dir in die offenen Arme fallen?

Oder lieber Distanz wahren.

Dir zeigen, wie viel du für mich bist und wie sehr ich dich vermiss´?

Oder besser tun, als wärst du mir egal, denn die ganze letzte Zeit kam ich auch ohne dich klar.

Ehrlich sein und damit alles riskieren? Oder lügen und nicht nur dich, sondern auch mich selbst verlieren?

Du stehst vor mir und ich habe nur noch den Bruchteil einer Sekunde um zu reagieren.

Da bist du und schon bin ich es, die die Nerven verliert.

Wie die Anderen

Ja klar, geh doch einfach und lass mich stehen, reich mich weiter! Was ich darin sehe, ist sowieso nicht wichtig! Aber dann glaub nicht, dass ich dir je wieder begegnen will! Du sagst, du wärst nicht wie sie und doch verhältst du dich so! Du tust mir weh! Hör auf! Geh einfach, klar, so wie jeder es tut, es macht mir nichts mehr aus. Mein Herz ist abgestumpft von all dem Schmerz.

Du verstehst mich nicht und das wirst du auch nie, also tu nicht so, als wärst du mein Freund, wenn auch du nur vorhast zu gehen! Ich kann es nicht mehr hören, dieses >>Ich bin für dich da<<, ach ja? Wie lange? Bist du jemand Besseren gefunden hast und mich wieder abschieben kannst?!

Mag sein, dass ich unfair bin, doch das ist mir egal. Denn jetzt habe auch ich einmal das Recht, sauer und enttäuscht zu sein! Ich schließe das nicht mehr länger nur in mir ein!

ES REICHT!

Sag nicht, du bist anders, wenn du doch genauso bist und grenze dich nicht von den Anderen ab, wenn du ihre Ansichten doch teilst.

Ich bin doch nur Eine von Vielen für dich. Eine von denen, die mit dir über ihre Probleme spricht, aber mehr bin ich nicht. Doch habe ich ja noch ihn, um über all das zu reden, so brauche ich dich nicht; denkst du wirklich, das ist so einfach für mich?! Vergiss es, ich brauche dich nicht, ich brauche ihn nicht, um weiterzugehen und klarzukommen, ich schaffe das alles auch alleine!

Denn du bist eben doch wie sie und wenn du versuchst, dich abzugrenzen, zeigst du dies nur noch mehr. Ich habe mir gewünscht, dass du es nicht bist. Dass du mich nicht stehen lässt, mich nicht weiterreichst, aber du bist wie alle anderen.

Mich enttäuscht es.

Mich verletzt es, aber was hat das schon für einen Wert. Sag mir, warum verstehst du mich denn nicht?! Was soll ich denn machen, wenn mein Herz an dir hängt. Was soll ich denn machen, wenn die Vergangenheit mich lenkt. Du hast keine Ahnung wie wichtig du für mich bist und die Stelle, die du einnimmst, oder?!

Du bist eben doch wie all die Anderen und versuch nicht, dich davon loszureden.

Aber klar, ich komm´ damit zurecht! Ich komme natürlich damit klar, dass mir immer wieder jemand das Herz bricht und die Menschen gehen, wenn ich sie am meisten brauche…

Sagtest du nicht mal, ich wäre nicht allein? Denn ich glaube, das sieht mittlerweile anders aus.

Verzeih mir meine Ungerechtigkeit, doch ich kann nicht verstehen, wie auch du sagst, du wirst gehen.

Ich will nichts mehr davon hören, dass du nicht bist wie sie, denn das Gegenteil hast du schon bewiesen.

Eigentlich ändert nichts

Eigentlich hast du deine Chance vertan.
Eigentlich ist es nun zu spät.
Und eigentlich ist es Zeit, es zu akzeptieren.
Aber du willst es nicht wahrhaben. Du willst es nicht
akzeptieren. Du willst es nicht einfach aufgeben, denn
du lebst von deinem Glauben, deinem Vertrauen.
Du weißt, es wäre Zeit damit abzuschließen, es hinter
dir zu lassen und frei nach vorne zu sehen. Manchmal
würdest du jedoch gerne die Zeit zurückdrehen, eine
Zeitschleife bilden und für immer in diesem Moment
leben. Denn du lebst von deinem Glauben, deinem
Vertrauen.

Eigentlich weißt du, wie falsch es ist, was du fühlst.
Eigentlich darfst du sie nicht vergleichen.
Und eigentlich solltest du es akzeptieren.
Aber du willst dieses Gefühl nicht verlieren. Du willst
diese Erinnerung nicht verdrängen. Du willst es nicht
einfach aufgeben, denn du lebst von deinem Glauben,
deinem Vertrauen.
Du weißt, es wäre Zeit, aus der Vergangenheit
aufzutauchen, Luft zu schnappen und in die
Gegenwart einzutauchen. Manchmal würdest du
jedoch die Vergangenheit und dessen Personen gern
mit in die Zukunft nehmen, sie nicht loslassen, bei dir

halten. Denn du lebst von deinem Glauben, deinem Vertrauen.

Eigentlich solltest du loslassen.
Eigentlich solltest du positiver denken.
Und eigentlich solltest du es akzeptieren.
Aber du willst das, was du hast nicht schon wieder verlieren. Du willst nicht positiver denken und dich dabei in die selbst verirren. Und du willst es nicht einfach so aufgeben.

Du weißt was du tun, was du denken solltest, doch du bist keine Maschine. Da sind noch deine Gefühle. Dein Glaube. Dein Vertrauen.

Du stoppst mich, wenn ich renne...

Und dränge ich zur Flucht, hältst du mich stets auf, siehst mir in die Augen und es bricht aus mir heraus. Wenn ich dann kraftlos zu Boden gehe, fängst du mich auf, lässt mich hinunter und setzt dich neben mich. Du sagst: >>Es ist okay. <<. Und dann sitzt du neben mir und hörst zu. Stundenlang, bis meine Tränen schließlich dank deiner Zuneigung versiegen und ich wieder klar sehen kann. Dann nimmst du meine Hand, stehst mit mir wieder auf und sagst mir, wie stark ich doch bin. Du nimmst mich in deine schützenden Arme und ich weiß, egal was auch passiert, bei dir bin ich sicher.

Und sollte doch mal wieder ein Chaos in mir herrschen, hilfst du mir, es zu ordnen.

Denn du bist für mich da, jeden Tag aufs Neue und wenn die Welt mir den Rücken kehrt, wendest du dich mir zu, machst aus einem kleinen Mädchen, einen teils selbstbewussten Menschen.

Für dich bin ich etwas Besonderes, >>ein Geschenk für die Welt<<, doch dabei liegt mein fester Stand ganz allein in deiner Hand. Dein Lächeln, deine Worte, deine kleinen Taten in kleinen Momenten, sind wie trockene Äste im Feuer, welches genährt durch deine Zuneigung und dein großes Herz, nie seine Kraft verliert. Nie in unserer gemeinsamen Zeit habe ich dich auch nur einmal traurig gesehen, du stehst für mich allzeit bereit. Stoppst mich, wenn ich renne und treibst mich an, wenn ich stehe.

Du hier mit mir, wäre mehr als ich zu träumen wage. Denn du, hier mit mir auf diesem Weg, würdest mich nicht allein lassen.

Du stehst neben mir, mit deiner Hand auf meiner Schulter, ich kann sie spüren! Doch drehe ich mich um, bist du weg. Die Trauer und Sehnsucht nach dir reißt tiefe Risse in mir und meine Sicht ist verschwommen durch die tränenreichen Nächte.

Wenn ich jetzt diesen Weg nochmal gehe, den du mit mir gegangen bist, dann sehe ich dich dort stehen. Immer an meiner Seite, doch will ich dann zu dir gehen, verblasst deine Gestalt. Ich wünsch´ mir doch nur, du würdest diesen Weg ein weiteres Mal mit mir zusammengehen, mir die Hoffnung und Kraft geben, die ich brauche.

Mein Herz sieht dich, es spürt dich, du bist immer noch bei mir, doch mein Kopf spinnt aus den Bildern von dir ein ganz neues Netz. Bestehend nicht nur aus der Trauer, auch aus Enttäuschung und Wut. Doch woher nimmt es das Recht dazu?! Du warst doch immer für mich da! Hast mich begleitet, Tag für Tag, woher nehme ich mir also das Recht, enttäuscht zu sein, dass du nicht mehr hier bist?!

Es ist nicht fair, das ist mir bewusst, doch fehlst du mir und so ist es doch das, was mein Kopf denken muss, um nicht in dieser Trauer unterzugehen. Ich will dich nur wiedersehen!

Denn du stoppst mich, wenn ich renne und treibst mich an, wenn ich stehe.

So genügt es, dir in die Augen zu sehen, um mein Lächeln wiederzufinden.

Das Bild von dir

Es ist mir egal, was die anderen sagen, ich weiß, was ich von dir zu halten habe.

Du hast Fehler gemacht, na und? Wir sind Menschen, es liegt in unserer Natur, Fehler zu machen und wir alle sind nicht perfekt. Aber du hast stets dein Möglichstes für mich getan, bist weitergegangen als du solltest, nur um mich wieder lachen zu sehen. Sie sagen, du hättest einiges kaputt gemacht, doch hast du mich viel mehr mir selbst nähergebracht.

Ohne dich würde ich nicht hier stehen und ohne dich würde ich diesen Weg niemals gehen! Wärst du nicht gewesen, würde ich noch immer blind durch die Welt irren, nicht fähig, die eigenen Gefühle wahrzunehmen und ihnen ein Recht zu geben, sich zu zeigen. Ein großer Teil von dir schlägt immer noch in mir und ich glaube ihnen nicht, wenn sie sagen, ich wäre nichts Besonderes für dich. Denn das bin ich, das weiß ich.

Du hast mich nicht angelogen, du hast in mir etwas Besonderes gesehen: Eine Künstlerin, eine Poetin, eine Schriftstellerin.

Dein Glaube an mich war zu groß, als dass ich ihn in Worte fassen könnte. Ich spüre noch immer deine Hand auf meiner liegen und deine Arme um meinen Schultern. Wie du mir in die Augen sahst und wusstest, was mit mir geschah; außer dir kann das keiner. Du warst die große Schwester, die ich nie hatte, warst mein Selbstbewusstsein und meine Hoffnung.

Mit deiner so positiven Art hast du jeden um dich herum zum Lachen gebracht und ich nutzte jede Gelegenheit, um mit dir zu lachen. Wie du dich um mich gekümmert hast, war weitaus mehr als du es gemusst hättest und deine vertraute Stimme, die mir so viel Hoffnung und Glück versprach, klingt noch immer in meinem Herzen nach.

Es ist mir egal was die anderen sagen, ich weiß, was ich von dir zu halten habe.

Und ich weiß, dass, egal was auch passiert, sich weiterhin ein Teil von dir in meinen Texten verirrt. Denn du warst anders. Für dich war ich besonders. Du hast so viel in mir gesehen, von dem ich nicht einmal zu träumen wage. Und dieses Bild von dir gebe ich nicht auf, nur weil sie es nicht verstehen können.

So wie ich jetzt hier stehe...

So wie ich jetzt hier stehe,
wärst du stolz auf mich?
Denn das bezweifle ich,
ich bin nicht mehr das,
was du einst aus mir machtest.

Ohne dich bin ich doch nichts!
Ohne deine Liebe,
ohne dein Angesicht,
und dann frag ich mich:

So wie ich jetzt hier stehe,
wärst du stolz auf mich?
Denn ich sehe es nicht,
dieses strahlend helle Licht,
welches du mir mit auf den Weg gabst.

>>Das du mich ja nie vergisst<<,
sagtest du und glaubtest an mich,
doch ich tu das nicht,
denn ohne dich,
ist da nicht mehr
dieses strahlend helle Licht.

Sag mir, wohin gehe ich?
Wohin gehst du?

Warum folgst du mir nicht,
ich kenne doch deinen Weg nicht.
Warum lässt du zu,
dass es uns auseinandertreibt,
uns auseinanderreißt,
warum tun wir denn nichts
gegen diese Dunkelheit?!

So wie ich jetzt hier stehe,
frag ich mich ob du stolz auf mich bist,
denn ich glaube es nicht!
Ich tat nicht, worum du mich batest,
wollte immer nur bei dir sein,
doch du sagtest >>Nein!<<
Sagtest, ich solle meinen eigenen Weg gehen,
doch ohne dich sehe ich nichts.

Denn du warst mein strahlend helles Licht.
In deinen Augen funkelte es,
wenn du so stolz auf mich warst,
wenn ich dich stolz machte.
Auf deinen Rat hin
betrat ich diesen Weg.

Und so frag ich mich:

So wie ich jetzt hier stehe,
wärst du stolz auf mich?

Kannst du mich sehen?

Kannst du mich sehen,
wie ich jetzt hier vor dir stehe?
Kannst du mich hören,
wie ich jedem unsere Geschichte erzähle?

Was siehst du,
wenn du mich ansiehst?
Was hörst du,
wer mir den Takt vorgibt?

Du.
Du ganz allein.
Du ganz allein lässt mich herein.
Du ganz allein lässt mich herein in deine Welt.

In diese positive, fröhliche Welt.
Und auch wenn ein Stück deiner Hoffnung fällt,
füllst du diese Lücke mit deiner Fröhlichkeit,
deiner Ausstrahlung, deiner Liebe.

Ich weiß, mit dir zusammen,
in deiner farbenfrohen Welt
kann kommen was wolle,
bei dir bin ich sicher.

Doch wenn du dich dann zu mir umdrehst,

mir sagst, dass diese Welt nicht für UNS ist,
dann an mich heran trittst,
mich in den Arm nimmst
und mir sagst, dass es kein UNS gibt,
dass ich meinen eigenen Weg gehen muss,
es für mich keinen Grund gibt,
mit dir hier zu sein,
bricht die Realität auf mich herein.

Von jetzt auf gleich
ist nichts mehr wie es war,
nichts wie es werden soll
und nichts wie es sein könnte.

Ich schau in deine wundervollen Augen,
kann selber nicht recht glauben,
dass du das wirklich gesagt hast,
meine Hoffnung zerstört
und mich stehen gelassen hast.

Du warst immer mein Halt,
du warst meine Sicherheit!
Doch jetzt hab ich nichts mehr.

Mit nur einem Satz,
hast du so viel deutlich gemacht,
meine Welt ins Schwanken gebracht
und mich aus deiner Welt verbannt.

Wenn du mich jetzt hier stehen siehst,

siehst du die Tränen?
Siehst du den Schmerz?
Das alles ist dein Werk!

Versprich mir nicht mehr deine Liebe,
versprich mir nicht mehr deine Hoffnung,
versprich mir nicht mehr Teil deines Herzens zu sein,
wenn du nichts von all dem halten kannst.

Ich würde dir gerne sagen,
dass ich dich nie wiedersehen will,
doch kann ich nicht ändern,
dass mein Herz noch an dir hängt
und meine Wege weiterhin
in deine Richtung lenkt.

Wo bist du jetzt?

Als du noch bei mir warst, war nichts unmöglich. Wir haben Bäume erklommen und die Welt umarmt. Doch dann bist du gegangen und mein Herz zerbrach in tausend Teile. Mit dir ging auch mein Sinn in dieser Welt. Du sagtest mir, du bleibst stets in meinem Herzen und dass du so immer bei mir bist. Doch ich kann dich nicht mehr sehen, deine Stimme nicht mehr hören und deine Wärme nicht mehr spüren. Du bist nicht mehr da für mich.

Du bist gegangen, fort von mir, um dir selber eine Chance zu geben, gesund zu werden. Das macht es mir nun unmöglich dich dafür zu hassen, auch wenn mein Herz auf einmal so leer ist. Es ist, als wäre mit dir auch die Farbe aus meiner Welt entschwunden.

Ich weiß, du bist noch da, tief in mir. Das ist der Grund, warum jede Nachricht von dir mein Herz erneut in Stücke reißt. Das ist der Grund für die darauffolgenden schlaflosen und tränenreichen Nächte. Denn du warst für mich da, als es niemand mehr war. Wie selbstverständlich hast du dich meiner angenommen und mir all deine Liebe und Geborgenheit geschenkt. Du hast mich verstanden, egal was ich auch sagte, hast mir hochgeholfen, wenn ich fiel, mich getröstet, wenn ich mir dabei die Knie aufschlug.

Ich weiß nicht, wie ich all die Zeit ohne dich ausgehalten habe, aber es gibt immer wieder Momente, da wäre ich gern bei dir. Denn ich weiß, du hättest mich in deine schützenden Arme genommen und mir gesagt, dass alles wieder gut wird.

Nun steh ich wieder hier und sehe keinen Sinn mehr in allem. Fühl mich allein und dem nicht mehr gewachsen, was noch auf mich wartet. Du bist nicht an meiner Seite, um mich zu begleiten und mir zu sagen, dass du mich für einen wundervollen Menschen hältst. Nun stehe ich vor so großen Entscheidungen und ich weiß, du hättest mir geholfen den Weg zu finden, den mein Herz mir vorschlägt. Doch ich bin allein. Du bist nicht mehr hier und das wird mir nun umso schmerzlicher bewusst.

Du warst immer da, wenn ich dich brauchte, also sag mir, wo bist du jetzt, um mich vom Abgrund wegzuziehen und mir deutlich zu machen, dass du immer zu mir stehst. Dass ich nie allein sein werde.

Wo bist du jetzt…?

Nicht ohne dich

Ich wusste nicht, wie sehr man einen Menschen vermissen kann, bis zu dem Tag, an dem du beschlossen hast, aus meinem Leben zu treten. Du gehst jetzt deine eigenen Wege weiter, als wäre nichts, das konntest du schon immer gut.

Du warst immer schon ein unheimlich positiver Mensch, der aus allem stets das Beste für sich herausholte.

Weißt du, über diese 3 Monate, in denen ich in einem fremden Land war, alleine, habe ich mein Zuhause vermisst, meine Familie. Doch ich wusste, sie sind noch da, wenn ich wiederkomme, ich wusste, sie warten nur auf mich. Doch bei dir ist das anders. Ich habe das Gefühl, auf einer ewig langen Reise zu sein, einer Reise zu mir selbst. Du warst ein Teil dieser Reise und für mich ist sie noch nicht vorbei, ich warte immer noch auf dich. Darauf, dass ich dich eines Tages wiedersehe und du deine Versprechen endlich einlöst. Aber ich weiß, dass es so weit nicht kommen wird. Zwar sagt man, dass man sich im Leben immer zwei Mal sieht, doch haben wir uns schon öfter gesehen. Die Besuchszeit ist aufgebraucht und jeder geht seinen eigenen Weg. Doch es ändert nichts daran, dass du wie eine Schwester an meiner Seite standest. Dass es deine Worte waren, die mir die nötige Kraft gaben wieder aufzustehen, wenn ich gefallen war. Du sagtest zwar immer, es käme von mir, dennoch wissen wir beide, dass es deine Worte waren, die so unglaublich viel aussagten und mir so viel mit auf den Weg gaben. Die mir die nötige Kraft gaben, um einen Schritt nach dem anderen voran zu gehen. Dabei war es aber deine Hand, die ich festhielt.

Doch ohne, dass ich es bemerkte, zogst du einen Finger nach dem anderen aus meinem Griff heraus. Du entferntest dich von mir, doch bemerkte ich davon nichts, denn deine Worte waren immer noch genauso stark.

Ich erinnere mich an deine Umarmungen, die mir so viel Geborgenheit und Schutz gaben. In all dieser Zeit hatte ich keine Angst vor dem, was noch kommen würde. Klar hatte ich Respekt und machte mir Sorgen, doch es war keine Angst. Ich wusste, egal, was auch geschehen würde, dass du auf mich aufpassen und nicht zulassen würdest, das mir etwas passiert.

Und jetzt steh ich hier. An genau demselben Punkt, nur mit anderen Menschen um mich herum. Und du fehlst. Du stehst nicht hier neben mir, hältst nicht meine Hand und deine Worte gehen im lauten Tosen dieser Stille unter. Dann erinnere ich mich an sie, deine Worte, die so viel Kraft in sich trugen. Du warst stets der Überzeugung, dass es nur leere Worte waren, die von jedem hätten kommen können und dass ich diejenige war, die sie mit dieser Kraft füllte. Doch das war nicht ich! Du hast deine Kraft durch deine Worte mit mir geteilt! Sie kam von DIR! Und jetzt wo du hier fehlst, fühle ich mich so verloren, so kraftlos. In dieser

Situation müsstest du mich nur kurz ansehen um zu wissen, wie es mir gerade geht und du hättest auch gleich die richtigen Worte für mich. Damit ich weitergehe, nicht stehen bleibe, sondern mein Leben lebe.

Du warst immer überzeugt davon, dass ich alles schaffen könnte, wenn ich nur daran glauben würde. Dabei warst du diejenige, die immer mehr an mich glaubte, als ich es je tat.

Du sahst in jedem meiner Texte etwas Einzigartiges, etwas Besonderes. Etwas, das du auch in mir gesehen hast.

Und heute frag ich mich, wo all das geblieben ist. Wo du geblieben bist. Deine Worte, deine Stärke. Ich weiß was du jetzt zu mir sagen würdest, doch wäre es viel schöner, es von dir zu hören und diese Kraft wieder zu erlangen, die du mit jeder Faser deines Körpers an mich weitergegeben hast.

Ich schaffe das nicht ohne dich...

>>Ich komm damit klar<<

Herzrasen. Schwitzige Hände. Zittern.

Wenn ich dich sehe, spielt mein Körper verrückt. Ich weiß weder, was ich fühlen, noch was ich denken soll. Wenn du auf einmal vor mir stehst, mir den Kopf verdrehst und ein Chaos in mein Leben trägst. Bis ich weiß, wie ich über dich denken soll, mein Herz weiß, was es fühlen soll, ist es besser, wenn wir uns nicht mehr begegnen.

Das weiß ich, doch so einfach ist das nicht. Denn die ganze Zeit mir dir half mir. Auch wenn du das vielleicht nicht glaubst. Denn du warst für mich da und auch, wenn ich nicht immer mit dir sprach, genoss ich deine Worte. Sie halfen mir und bauten mich auf, gaben mir das Gefühl, nicht allein zu sein, verstanden zu werden.

Doch dann zogst du ein Strich unter all das. Du sagtest mir ins Gesicht, dass das alles so keinen Sinn mehr ergab und ich erstarrte innerlich. Konnte nicht fassen, was du sagst. Und ich würde lügen, würde ich sagen: >>Ich komm damit klar. <<

Ich versuche krampfhaft dich zu verstehen, aber ich kann es nicht, muss weitergehen, auch ohne deine Hilfe. Wenn du aber dann vor mir stehst, an mir vorbei deine Wege gehst, hat mein Körper meine Gefühle nicht mehr im Griff. Ein riesen Chaos erinnert mich an die vergangene Zeit. Mein Herz sagt mir, es vermisse dich, doch ist gleichzeitig enttäuscht, verletzt und verzweifelt. Mein Kopf würde so gerne mit dir reden, all das klären, dich verstehen, doch dir gleichzeitig aus dem Weg gehen, nur um dich nicht mehr wiederzusehen. Ein riesen Chaos, das es mir schwer macht, ein klares Bild von dir zu sehen. Und ohne dieses frag ich mich: >>Welchen Weg soll ich wählen?<<. Mit dir reden? Weiter versuchen, dich zu verstehen? All das nicht aufgeben, weitergehen und über alles hinwegsehen? Oder es lassen, versuchen damit umzugehen, dieses Chaos zu ordnen, ohne dich weitergehen?

Du hast mir geholfen, mit deiner Art, deinen Worten. Wie du mich angetrieben hast, mir in den richtigen Momenten Ruhe gegeben und mir deutlich gemacht hast, welcher Weg der Richtige ist.

Ich habe bestimmt nur selten auf dich gehört, doch mir deine Worte immer zu Herzen genommen. Aber seit du das letzte Mal mit mir geredet hast, herrscht ein Chaos in meinem Kopf, ein Chaos in meinem Herzen.

Und ich würde lügen, würde ich sagen: >>Ich komm damit klar. <<

Dieser Tag

Enttäuschung macht sich in ihr breit. Sie hat sich so viel von diesem Tag erhofft. Doch ist nichts so, wie sie es gedacht hatte. Sie hat gehofft, es wäre nur annähernd so wie damals, mit ihr. Das da jemand ist, der stolz zu ihr sieht, sie als hübsch empfindet, sie anlächelt und ihr Sicherheit gibt. Doch da ist nur jemand, der über sie lacht, sich nicht vorstellen kann, wie sie auf der Bühne steht und ihr Ding macht.
Es verletzt sie. Es enttäuscht sie. Es macht sie traurig. Sie dachte, sie könnte nur für einen Moment aus ihrem Alltag fliehen, die Gedanken zurückstellen und einfach nur lächeln, doch stattdessen merkt sie, wie es sie einholt und schon nach wenigen Minuten die Tränen in ihren Augen brennen.

Sie will weg. Einfach nur weg aus dieser Situation. Weg aus diesem Chaos, in dem sie sich selber verliert. Sie würde so gerne raus, doch sie weiß nicht mit wem. Sie würde so gerne weg, doch sie weiß nicht wohin.

All das kommt ihr so bekannt vor. Diese Bühne, dieses Licht, dieser Ablauf. Um sie herum Menschen, die ihr so ähnlich sehen. Ob Haare oder Statur dieselben sind, spielt keine Rolle, es ist als würde jemand die Zeit zurückdrehen. Sie kann sich fast schon bildhaft vorstellen, was als nächstes geschieht, wenn sie selbst hinter die Bühne geht. Sie erhofft sich, sie dort stehen zu sehen, lächelnd und ihr sagend, dass sie das schaffen wird und nicht zu aufgeregt sein soll.

Doch steht dort niemand, der sie anlächelt und ihr Sicherheit gibt. Auch als sie dann auf der Bühne steht, ihre Blicke voller Hoffnung den Raum absuchen, nach einem ihr so gut bekannten Gesicht, sitzt dort niemand, der zu ihr blickt.

Sie will weg. Einfach nur weg aus dieser Situation. Weg aus diesem Chaos, in dem sie sich selber verliert. Sie würde so gerne raus, doch sie weiß nicht mit wem. Sie würde so gerne weg, doch sie weiß nicht wohin.

Wenn sie dann später allein auf diesem Stuhl sitzt und zusieht wie ein letztes Mal jeder auf der Bühne steht, ihr jedoch die Kraft dazu fehlt, brennen die Tränen in ihren Augen. Das einzige, was sie hält, ihr zeigt was real ist und dass sie nicht ganz allein ist, ist er. Wie er sich einfach so zu ihr setzt, mit ihr redet und ihr damit das Gefühl gibt, gesehen zu werden, bringt sie noch näher an die Tränen. Doch trotzdem gibt es ihr Kraft, noch einige Minuten länger durchzuhalten, dort zu bleiben. Am liebsten würde sie aufstehen und gehen, egal wohin, einfach nur fliehen.

Sie will weg. Einfach nur weg aus dieser Situation. Weg aus diesem Chaos, in dem sie sich selber verliert. Sie würde so gerne raus, doch sie weiß nicht mit wem. Sie würde so gerne weg, doch sie weiß nicht wohin.

Dieser Tag, von dem sie sich so viel erhofft hat, wird zu einem Tag, der ihr unheimlich zusetzt, sie all ihre Kraft kostet, sie zurückversetzt.

Die Bühne der Vergangenheit

Diese Bühne, dieses Licht, ich sehe dich dort in der Ecke stehen. Du lächelst, bist stolz, dass diese Probe funktioniert, die du organisiertest.
Diese Tribüne, dieser Sitz, da oben, von mir aus links, dort in der Ecke sitzt du und lächelst, bist stolz auf unsere Arbeit, unser Talent.
Ich sehe dich doch, warum kommst du nicht zu mir und erklärst, was dir missfällt, was wir verbessern sollten und was unser Stück so hält.

Es ist so schwierig, wenn ich bemerk´, dass es nicht du bist, die dort oben sitzt.

Dieses Chaos aus Ton, Licht, Technik und unserer Aufstellung.
Dieses Durcheinander und Umhergerenne, unserer aufgeregten Gemüter; du hast es geliebt, uns wieder zu ordnen, jedem seinen Platz zu geben, zu organisieren, damit jeder weiß, was er zu tun hat.
Ich sehe dich doch durch all die Menschen laufen, Zeichen geben, Worten lauschen. Warum kommst du nicht zu mir rüber und zeigst mir meinen Platz…

Es ist so schwierig, wenn ich bemerk´, dass es nicht du bist, die uns unseren Platz zurückgibt.

Ich sitze da, sehe auf die Bühne, erinnere mich, was mal geschah und ich sehe dich dort stehen. Ich weiß nicht, ob ich lachen oder weinen soll, mein Herz ist durcheinander, überfordert mit dem Schein und der Realität. Ich könnte schwören, dass ich dich sehe und doch weiß ich: Du bist nicht hier.

Dieses Konzert, diese Bühne, dieses kleine Chaos, diese Gefühle...

Es ist als wärst du hier, würdest uns unterstützen, säßest auf der Tribüne und würdest lächeln, klatschen, stolz sein auf das, was wir erreicht haben.

Dann, am Ende, rufen wir dich auf. Du kommst nach vorne, völlig überrascht und erstaunt. Wir wollen uns nur bei dir bedanken, dir diese Blumen geben, dich in den Arm nehmen, dir zeigen was du uns allen gibst. Doch ich stehe vorne und du kommst nicht, du bist nicht hier.

Du bist nicht da, damit ich dir danken kann.

Du bist nicht da um zu klatschen, zu lächeln und stolz auf das zu sein, was wir erreicht haben.

Es ist so schwierig zu erkennen, dass dieses Konzert ohne dich stattfindet.

Eigentlich macht es mich glücklich, auf dieser Bühne zu stehen, die Menschen zu begeistern. Doch wenn ich dann in das Publikum sehe und dein Platz leer ist, machen die Tränen es mir schwer, mich weiter zu konzentrieren.

Es ist so schwierig hier zu stehen, ohne deine strahlenden Augen im Publikum zu sehen.

Denn du warst für mich da. Du warst für uns da. Du warst die, die uns alle zusammenhielt.

Wo bist du?

Wo bist du,
Wenn ich dich suche,
mit verzweifelter Stimme
deinen Namen rufe?

Wo bist du,
Wenn ich dich am meisten brauche,
trotz verlorener Hoffnung
für dich noch weiterlaufe?

Wo bist du,
Wenn alles in sich zusammenbricht,
die Zuversicht sich verliert
und mein Licht der Hoffnung erlischt?

Wo bist du,
In dem Moment,
in dem du mir versprachst, bei mir zu sein?
Denn ich sehe dich nicht!

Wo bist du?

Jede Sekunde

Es tut mir weh.
Jede Sekunde, in der du dich nicht meldest.
Jede Sekunde, in der deine Ignoranz mir zeigt, dass ich
für dich nicht mehr existier.

Was bleibt mir? Was denkst du?
Die Erinnerung an all deine Worte, die so viel
bedeuteten, so viel versprachen?
Die Tränen, die mich in jeder Sekunde daran erinnern,
dass ich verloren habe, wem ich am meisten vertraut
hab?
Oder das Gefühl, das mich daran erinnert, dass du
mich besser kanntest, als ich mich selbst? Dass du
mich immer verstanden hast? Dass du mich nur
ansehen musstest, um zu wissen, wie es mir geht? Und
dass ich dir nie etwas vormachen konnte? Ich habe es
auch nie versucht...ich wollte es nie! Hab nur darauf
gewartet, dass du mich ansiehst, mich fragst, wie es
mir geht und ich endlich loslassen konnte, was mich so
sehr bewegte.
Ich habe dir vertraut.... Weißt du das noch?
Erinnerst du dich?
Auch wenn du dich gerade wegdrehst, in die andere
Richtung davongehst, meine verzweifelten Versuche,
mit dir zu reden abschlägst und dich nicht ein einziges
Mal zu mir umdrehst?!

SIEH. MICH. AN!

Siehst du in diesen Augen den Schmerz, verursacht von deiner Ignoranz, die mir deutlich macht, dass ich für dich nicht mehr existier?

Siehst du in diesen Augen wie die Sekunden vergehen, ohne mir eine Auszeit von all dem zu geben?

Siehst du in diesen Augen die Tränen?

Okay, ja, du musstest gehen. Und ja, du hast es mir oft genug gesagt. Aber weißt du noch, was du mir noch viel öfter versprachst?

Nein?

Dass du mich vor all dem, was noch kommt gern bewahrst, dass du das aber nicht kannst, hoffst, dass ich andere Wege finde, andere Menschen treffe, andere Hilfe bekomme. Und ja, es war wie ein Stich in mein Herz, doch ich habe dir vertraut, deinen Worten geglaubt. Dass du, egal in welch schwieriger Situation, mich nicht im Stich lässt. Du neben mir stehst, erreichbar bist. Du immer für mich da bist.

Doch jetzt stehe ich hier und ich muss reden und du weißt, wie schwierig das für mich ist.

Denn hier ist keiner wie du. Keiner, der mich ansieht, mir erklärt wie es in mir aussieht. Und ich kann nicht weinen, kann nicht einmal mehr ehrlich sein, kann niemandem mehr so vertrauen wie dir.

Und in jeder Sekunde ist da dieses Gefühl. Dieses Gefühl wie es war loszulassen, meine Sorgen und Ängste bei dir und meine tausend Gedanken in deinen Händen wohlbehütet zu vergessen. Auch wenn es nur für den Moment war. Doch anstatt mir zu helfen, zu deinen Versprechen zu stehen, lässt du zu, dass deine Ignoranz mir in jeder Sekunde deutlich macht, dass ich für dich nicht mehr existier.

Und es tut mir weh.

Ich schreibe Texte. Unendlich viele Texte und ich weiß, du wärst stolz auf mich. Nur das du das nie zu Gesicht kriegst, wenn du dich nicht umdrehst, dir einen Ruck gibst und zu all deinen Worten stehst! Egal wie wütend ich auch bin, egal wie enttäuscht, egal wie verletzt, ich kenne dich.

Du traust dich nicht.

Du wolltest mir nie Böses. Du hast mir deutlich gemacht, dass es zu Ende geht. Doch ich wollte das nicht sehen, ich konnte deinen Worten nicht glauben, ich konnte es nicht verstehen.

Ich weiß, das alles ist ganz allein mein Problem und doch tut es mir in jeder Sekunde weh, in der du dich nicht meldest.

Dreh dich nur einmal um. Lass mich nur noch einmal Abschied nehmen. Ich kann diesen Weg auch ohne dich gehen, das kann ich nun sehen, doch ich brauche noch einmal deine Hilfe.

Damit jede Sekunde, in der du dich nicht meldest, jede Sekunde in der deine Ignoranz mir deutlich macht, dass ich für dich nicht mehr existier, nicht mehr so weh tut.

Zurückgewonnenes Herz

Dieses Mädchen, welches ihr Herz an dich verschenkte, steht nun hier und sieht dir ein letztes Mal nach. Sie musste mitansehen, wie du einst sein Herz nahmst und dieses nun in tausend Stücke zerbrach. Doch irgendwo weiß sie, dass es gut war, nachdem es Dinge gefühlt hat, die weder gerecht waren, noch der Wahrheit entsprachen. Schließlich kannte es dich seit so vielen Jahren.

Was es fühlte, war schlussendlich das, was es zerbrechen ließ und nicht deine Hände, die sich ewig so sorgsam um es gelegt haben und ihm Sicherheit versprachen. Was es brach, war die Konsequenz seiner eigenen Gefühle, so verzeih ihm, dass es die Schuld in dir gesucht hat.

Verzeih ihm, dass es wegegeworfen hat, was es von dir hielt und von dir wusste.
Verzeih ihm, was es in Bezug auf dich Negatives gefühlt hat.
Verzeih ihm, dass es so blind von den eigenen Gefühlen war.

Am Ende waren es weder deine Worte noch deine Hände, die es zerbrachen. Es war ein Teil des Herzens, welcher kurz vergaß, wer du warst und warum dieses Mädchen ihn an dich verschenkt hat. Zerbrochen ist es durch seine eigene Ignoranz gegenüber der Wahrheit, durch das eigene Chaos der Gefühle.

Jetzt liegt es vor ihren Füßen. In tausend kleinen Scherben.

Und doch bereut das Mädchen nicht, was es getan hat. Es schmerzt ihr, ja, aber sie wusste, es musste einmal ganz brechen, um sich neu zu ordnen und einem erneuten Chaos vorzubeugen. Und sie wird es auch nicht mehr verschenken. Denn die Risse an den tausend Stellen, an denen es zerbrach, werden bleiben und sie ewig daran erinnern, wie wertvoll es ist.

Auch dieses Bild vor Augen, die tausend Stücke auf dem Boden vor ihren Füßen, wird sie in Zukunft immer bei sich tragen und es wird sie davor bewahren, ihr Herz erneut so naiv zu verschenken.

Sie wird nun besser darauf Acht geben, es neu zusammensetzen und es gut versteckt in ihrem Brustkorb tragen, bis sie sich sicher sein kann, dass niemand wagt, es erneut zu zerschlagen.

Bitte verzeih ihr, dass sie es dir schenkte und nicht sah, welch große Verantwortung damit auf dir lag.

Und bitte verzeih ihr, dass sie dein eigenes Leben mitsamt seinen Problemen nicht sah.

Sie wird nie vergessen wie wohl ihr Herz sich bei dir gefühlt hat. Doch genauso wird sie nie vergessen, wie es sich in Sicherheit wähnte und dann daran zerbrach, dass es zugelassen hat, wie sich ein falsches Bild von dir in ihm breitmachte. Ihr zurückgewonnenes Herz wird sie von nun an stets selber tragen und es mit all ihrer Kraft davor bewahren, erneut zu zerbrechen.

Ich warte auf dich

Ich warte auf dich,
doch du kommst nicht wieder.
Du lässt mich stehen,
lässt mich gehen.

Erinnerst du dich an mich?
An dieses Mädchen,
an dieses Gesicht?
Dem du dein Lächeln versprachst,
dabei deine gekreuzten Finger hinter dem Rücken
verbargst
und nun nicht mal mehr zu glauben vermagst,
wie sehr sie dich vermisst.

Sie wartet auf dich,
doch du kommst nicht wieder.
Du lässt sie stehen,
lässt sie gehen.

Sie hat dir vertraut,
deine Worte auf die Goldwaage gelegt.
Dein Lächeln hat tief in ihr drin etwas bewegt,
etwas, von dem sie nicht wusste, dass sie es besitzt.

Sie hat dir von ihren Sorgen erzählt,
von dem, was sie tief in sich drin so quält.

Sie hat gelacht und geweint,
nur um dir näher zu sein.

Und sie wartet auf dich,
doch du kommst nicht wieder.
Du lässt sie stehen,
lässt sie gehen.

Sie hat gehofft und gekämpft,
für dich all die Zweifel über Bord geworfen,
hat sich dir offenbart,
mit all ihren wunden Punkten und Sorgen.

Sie hat für dich alles aufgegeben,
mit dir begann für sie ein neues Leben!
Ein Leben voller Sinn und Verstand
und sie dachte, dass euch beide mehr verband.

Sie ging an ihre Grenzen, wuchs über sich hinaus
und auch aus ihrer Kleidung heraus,
so lange hast du sie in dem Glauben gelassen,
mit dir an ihrer Seite könnte sie alles schaffen.

Sie wartet noch immer auf dich,
doch du kommst nicht wieder.
Du lässt sie stehen,
lässt sie gehen.

Erinnerst du dich an sie?
An dieses Mädchen,

an dieses Gesicht?
Erinnerst du dich an mich?

Ich warte auf dich,
doch du kommst nicht wieder.
Du lässt mich stehen,
lässt mich gehen.

Doch hiermit schwöre ich dir,
nie wieder hinter dir herzulaufen,
denn auf dich zu warten,
nimmt mir wertvolle Zeit meines Lebens.

Du wartest auf mich,
doch ich komme nicht wieder.
Ich lasse dich stehen,
lasse dich gehen.

Danke

Danke, an meine Mutter, die nie aufgehört hat an mich und meine Fähigkeiten zu glauben und auch das ein oder andere Mal meine Fehler korrigiert hat.

Danke, an meinen Vater, der mir all das hier ermöglicht und nie an mir gezweifelt hat.

Danke, an meine Freunde, die sich so tapfer durch all meine Texte und Gedichte gelesen haben, sie korrigiert und mit ihren Vorschlägen verbessert haben.

Danke, an die Person, die mich zu diesen Texten inspiriert hat und dank der ich zu mir selbst gefunden habe.

Danke, an dich, lieber Leser, der du dieses Buch gerade in den Händen hältst.

Inhalt

Herstellung und Verlag:
BoD – Books on Demand, Norderstedt
ISBN: 978-3-7460-9637-7